三六福

重庆市秀山县叁陆和文化科技有限公司　吴明清　著

中国商业出版社

图书在版编目（ＣＩＰ）数据

三六福 / 重庆市秀山县叁陆和文化科技有限公司，吴明清著. -- 北京 : 中国商业出版社，2021.7

ISBN 978-7-5208-1664-9

Ⅰ. ①三… Ⅱ. ①重… ②吴… Ⅲ. ①牌类游戏－介绍－秀山土家族苗族自治县 Ⅳ. ①G892.9

中国版本图书馆 CIP 数据核字(2021)第 118218 号

责任编辑：侯　静　　杜　辉

中国商业出版社出版发行

010-63180647　www.c-cbook.com

（100053　北京广安门内报国寺1号）

新华书店经销

武汉市卓源印务有限公司印刷

*

880毫米×1230毫米　32开　3.625印张　48千字

2021年7月第1版　2021年7月第1次印刷

定价：35.00元

* * * *

重庆市非物质文化遗产
三六福字牌
重庆市人民政府公布
重庆市文化广播电视局颁发
2009年9月

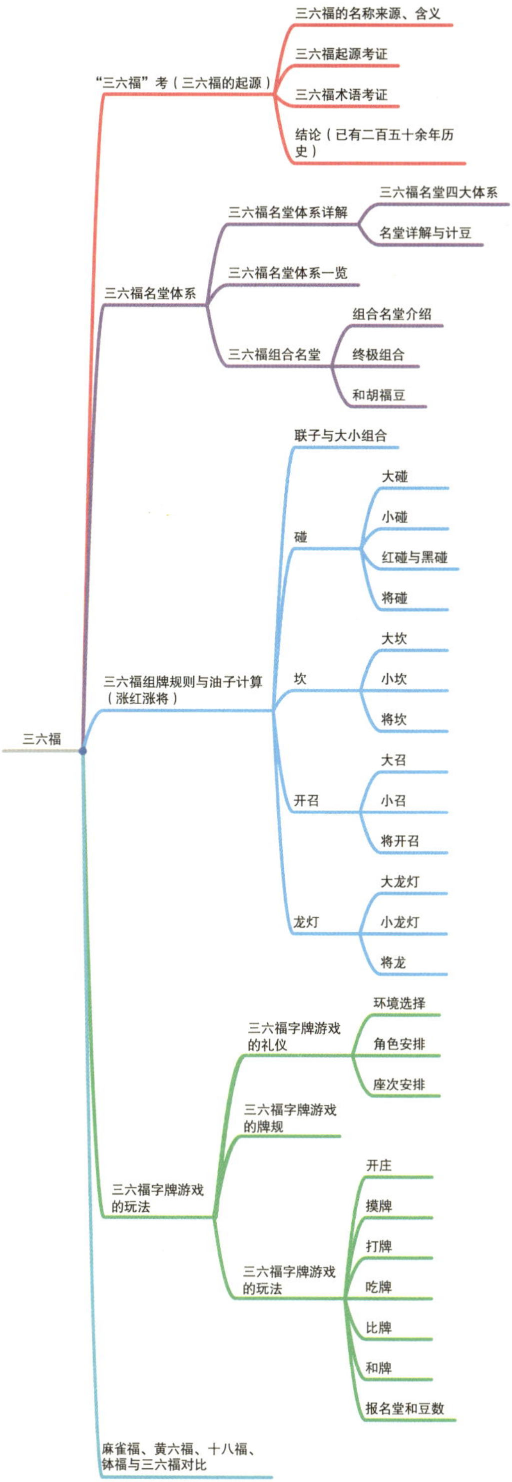
三六福
“三六福”考（三六福的起源）
三六福的名称来源、含义
三六福起源考证
三六福术语考证
结论（已有二百五十余年历史）
三六福名堂体系
三六福名堂体系详解
三六福名堂四大体系
名堂详解与计豆
三六福名堂体系一览
三六福组合名堂
组合名堂介绍
终极组合
和胡福豆
三六福组牌规则与油子计算（涨红涨将）
联子与大小组合
碰
大碰
小碰
红碰与黑碰
将碰
坎
大坎
小坎
将坎
开召
大召
小召
将开召
龙灯
大龙灯
小龙灯
将龙
三六福字牌游戏的玩法
三六福字牌游戏的礼仪
环境选择
角色安排
座次安排
三六福字牌游戏的牌规
三六福字牌游戏的玩法
开庄
摸牌
打牌
吃牌
比牌
和牌
报名堂和豆数
麻雀福、黄六福、十八福、钵福与三六福对比

序

三六福字牌游戏，在重庆市秀山地区古已有之。2009年9月28日，重庆市人民政府将“三六福字牌”确定为第二批市级非物质文化遗产，并予以公布（渝府发〔2009〕94号文公布，序号52，编号Ⅵ－3）。《秀山县志》仅记录“三六福”起源于清代，具体年份未考；笔者在民间走访过程中，有多位老人提到，“三六福”据传起源于清乾隆年间，但拿不出依据。而“三六福”名称含义则众说纷纭，其名堂典故和文化内涵正在湮灭。为保护和传承非物质文化，弘扬优秀传统文化，笔者研究“三六福” 近四十年，熟悉三六福字牌游戏过程及牌理，对“三六福”文化进行了深入细致的研究和民间走访。民间现存三六福字牌游戏玩法，其文化及内涵犹如珍珠散落民间，虽有闪光，却早已零散不堪，不成体系，不成整体。近十余年来，笔者查阅古籍，苦心求证，终于在2020年9月完成考证。

《三六福》一书由笔者独立创作完成，其中的“三六福”考是使用文献研究法完成的考证，属于以书证书、以书证史，参阅的相关书籍均附目录于后，不存在抄袭和复制，且具有唯一性和独特性。

通过考证，证明了如下几点：

1. 三六福字牌游戏不是称作“三六胡”或“三六和（hú）”，从创始之初就称作“三六福”。

2. 三六福字牌游戏玩法已存世二百五十多年，三六福字牌实物存世早于三六福字牌游戏。

3. “三六福”名称表达的是中国传统文化中的“三才”理论，即天、地、人的思想。

4. 三六福字牌游戏为清乾隆年间，秀山县令边镛为教化民风，引导民众学习经史礼仪而创设的兴趣游戏，属礼仪游戏、教学游戏，非赌博游戏。

《三六福》一书第一至第四章系通过文化发掘整理而成的“三六福”文化集成，其字里行间记录了大量的民风民俗，散发着浓浓的乡情。虽说三六福字牌游戏民间早已有之，但如此系统地从文化发掘的角度整理编辑成书，尚属首次。

由于笔者能力有限，加之资料匮乏，考证难免证据单薄，更由于年代久远，也许历史上曾经有过“三六福”的相关书籍记载，但已经湮灭于历史长河之中，只待后世发现。笔者暂且抛砖引玉，以盼来者有更深入的研究。

笔 者

2020.11.20

目录

“三六福”考

三六福字牌游戏玩法主要流行于重庆市秀山县境，周边区县酉阳、松桃、沿河亦有少量人群习玩，相传起源于清代。随着时间流逝，这一传统体育项目因其文化底蕴过于深厚，年轻人学习起来困难，已濒临传承断代的危险境地。现存能玩“三六福”的，多为五十岁以上的中老年人，二十岁至三十岁的年轻人很少学习。

由于年代久远，无古籍和文字记载，民间多为口耳相传，乃至于“三六福”之名、“三六福”之起源、“三六福”之名堂典故多有流失，不为人知，以致以讹传讹、失真走样。笔者试举一例：先说“三六福”之名，有人说叫“三六胡”，有人说叫“三六和（hú）”，有人说叫“三六福”。为什么叫“三六福”则众说纷纭。一云：就是叫“三六胡”，小哨三胡，大哨六胡，所以叫“三六胡”。二云：“和”是一个多音字，打牌时叫和（hú）牌，所以叫“三六和”；问曰：那为啥叫“三六和”，不叫“三三和”，不叫“六六和”；答曰：不知道，你去问老祖宗。三云：福牌本应为胡牌，但由于秀山土家族和苗族祖先们期盼幸福吉祥，习惯称福牌，所以叫“三六福”。相对于前两种说法，第三种说法比较有文化内涵，然而，仍未能回答为什么叫“三六福”，不叫“三三福”“六六福”的问题。今遍查古籍，结合秀山历史、秀山风土人情以及三六福字牌游戏之规则、名堂、牌理，对“三六福”之名称及来源进行考证、推断，以飨同道，共同切磋。

一、何谓“三六福”

在说“三六福”名称含义之前，必须先讲“三才”理论。“三才”理论是中国传统文化的精髓。

三才：指天、地、人。语出《易传·系辞下传·十章》：“《易》之为书也，广大悉备。有天道焉，有人道焉，有地道焉。兼三才而两之，故六。六者非它也，三才之道也。”《三字经》：“三才者，天地人。三光者，日月星。”

而“三才之道”的重点是人道主义，人道主义主张“师法天地而修己身”，主张人与自然和谐相处。中国传统哲学中的人道主义是对人类文明的杰出贡献，其对欧洲乃至世界文明都有深远的影响。

“三六福”之名应是取“三才”之义而设，何来此说？

翻开《易经》首页，最先看到的就是《周易本义卦歌·八卦取象歌》“☰乾三连，☷坤六断；☳震仰盂，☶艮覆碗；☲离中虚，☵坎中满；☱兑上缺，☴巽下断。”“三六福”之“三”即乾，乾为天；“六”即坤，坤为地；“三六”就是乾坤，就是天地。那天地都有了，人在何处呢？“福”就是人呀。《韩非子·解老》中对于福是这样解释的：“必成功则富与贵，全寿富贵之谓福。”这不就是说的人吗？有的人求“全”，有的人求“寿”，有的人求“富”，有的人求“贵”，有的人求“福”，还有的人把功名利禄都不放在心上，什么都可舍，一心只求“成功”，只求造福大众。

所以，“三六福”之名是最初设置这一游戏之时就已经确定下来的，与前面的第一、第二种说法（一云“三六胡”，二云“三六和”），无直接因果关系。第三种说法叫“三六福”，虽有一定道理，但却不是叫习惯了才称为“三六福”，而是原本就叫“三六福”。至于和（hú）牌时，到底是叫胡牌，或是叫和（hú）牌，或是叫福牌，因为无书面记载，秀山方言中根本就分不清楚。

“三六福”名称的字面意义我们有了初步的了解，初步考证“三六福”之名基于“三才”理论，现在我们再从“三六福”的和（hú）牌名堂中去寻根问踪。既然“三六福”名称表达的是天、地、人的意思，那“三六福”的游戏名堂里就该有“天福”“地福”“人福”呀，而“三六福”里面确实有“天福”“地福”“人福”。

“天福”为抓完牌，不需要打牌、吃牌，直接就和（hú）牌。

“地福”为抓完牌就叫牌，并且必须是打出来的第一张就和（hú）牌，才能叫“地福”。

“人福”为所有经过抓牌、吃牌、打牌，经过人工改造而最终和（hú）牌的。

那么有的玩家会说，我只听说过“天福”“地福”，没听说过“人福”。因为“天福”“地福”乃是天生地长，外形单一，便于辨认。而“人福”是一个大类，通过人力改造，形式多样，有很多名堂，久而久之，人们就已经忘了“人福”，就像忘了为什么叫“三六福”一样。

“人福”的设置，以及“人福”的众多名堂，充分体现了“三才之道”的重点是人道主义，也体现了事在人为的思想。

前面说了“三六福”的“福”字的意思，“必成功则富与贵，全寿富贵之谓福”。为什么说这个“福”字是最初设置“三六福”这个游戏时就这么取名的，而不是后来为了期盼吉祥，而用“福”字，叫习惯了，才叫“三六福”呢？从“全寿富贵之谓福”这句话，我们可以分解出“全”“寿”“富”“贵”这四个关键字。而这四个字，自始至终贯穿于“三六福”的设置与名堂中。我们先从名堂中举例，因为“全寿富贵之谓福”，所以“三六福”中有“全家福”“老成福”“老王登殿”“富贵图”，这几个名堂分别表达了全寿富贵的思想。

而“三六福”用壹至拾十个数字的大小写为基本元素，来玩数字游戏，而把中国传统文化赋予其中。我们先讲为什么要用十个数字。

《史记·律书》曰：“数始于一，终于十，成于三。”

取数字壹至拾，并且大小都有，表现了有始有终，一个都不少，大人小孩全来到，这就是“全”的思想。

《道德经》曰：“道生一，一生二，二生三，三生万物。”

以三个数字的组合为基本单位（简称搭子或联子、放子）体现的是“三生万物”的思想，因为从“三”组合开始，会有千万种变化。而《易经》之先天八卦，每卦也是三爻（三笔成卦），而通过组合，就演变出了后天六十四卦。

《左传·石碏（què）大义灭亲》曰：“君义，臣行，父慈，子孝，兄爱，弟敬，此数者累谓六顺也。”后世始有“六六大顺”之说。故六为大顺吉祥之数。

体现在牌理上，六放牌都理顺了，并且说得出名堂了，就可以和（hú）牌了。最后一放为和（hú）牌，不在六顺之列。以前打“三六福”，最后和（hú）牌那一放牌要单独放在一边，不能和前六放牌和在一起。

数字“贰”“柒”“拾”为红色，这是官员，黑色的是草民。因为清代官员的帽顶主色是红，民间称官员为红顶子。（按照清朝规制，一、二品官员的顶珠为红色，顶子上同时铺一层红色的丝绦；二品以下顶珠不是红色，但顶子上同样铺一层红色的丝绦；无品的无顶珠，但仍可铺一层红色丝绦。）

而一旦做了官，就是朝廷的人，则富与贵皆可得。因此，有双套大小“二七十”就叫“富贵图”，寓意大小官员都到了，才能称“富贵图”。

“三六福”游戏中“数油子”（也叫数多少个钱），也是“富”的一种表现形式。“油子”就是钱，古代四川的纸币叫“交子”〔宋仁宗天圣元年（1023年），政府在成都设益州交子务，正式成为官方法定货币〕，而游戏中你总得避讳吧，不可能把曾经法定货币的名称用到游戏中。

综上，“三六福”的名称是创设这一游戏项目时，按《易经》中的“三才”理论所创建，不是“三六胡”“三六和（hú）”，也不是叫习惯了才叫“三六福”，而是原本就叫“三六福”。

二、“三六福”之起源

据《秀山县志》2011版第十九篇第七章第七节记载，秀山的民间传统体育项目起源于清代（含民间棋牌，包括麻雀和、黄六和、黄十八、钵和、三六和等）。

《秀山县志》2001版亦有记载。

考证发现，“三六福”应起源于秀山县第十一任知县边镛任期内，现论述于后。

据《秀山县志》光绪版《官师志第二·年表》记载，边镛为秀山县第十一任知县，任期为乾隆二十五年（1760年）至乾隆三十三年（1768年），以升知州去任。

《秀山县志》光绪版《官师志第二》记载：“边镛，峡江人也，以进士授秀山知县。宿年硕学，粹然儒者，时，蒿榛才翦，文学阒如。镛为盖造学宫，趣民习礼，民间及是。始闻管磬之声，睹笾俎之仪。地偏讼简，暇日，尝集学子材秀者，勤勤讲论，月试高等，资奖丰异，寒俊不能竟业，辄廪给之。于是，弦诵之响流于涂巷。县学初附酉阳。镛昌言上请，分建专学，事寝不行，寻，擢知阿迷州。士民怀思，立主文昌祠，岁一祀之，今移祀凤鸣书院。”

译：边镛，峡江人，以进士授秀山知县。是一位有名望多年的博学之士，纯粹的学者，是一位忧国忧民、追求完美、才能未得到施展的人，文章学识鲜有匹者。边镛为了盖造学宫，用有趣的活动让民众学习礼教，民间非常认同。开始听到管磬的声音，看到祭祀的礼仪。秀山地处偏远，诉讼相对简单，有空就召集学子，不辞辛劳讲授经史，讨论学习方法，月考优异的，奖励很丰富。贫穷出众不能完成学业的，总是从他的俸禄中开支。于是，有礼乐读书的声音流传于街坊巷子。秀山县的公学，最初附属于酉阳，镛进言请求分开，在秀山也建公学，事情停止了，还没得到施行，不久，边镛升到阿迷州任知州。士子乡民非常思念他，在文昌祠为他立了像，一年一次祭祀，今天，已经移到凤鸣书院（现民族中学）进行祭祀了。

《秀山县志》光绪版《学志第五》中有这么一段话：“考其时知县事者，有边君镛，祥君善，于君蔚华，李君渐鸿，皆宏奖风流，乐诱不倦。”

《酉阳直隶州总志》卷之十六·政绩志·文吏：“边镛，江西峡江进士，乾隆二十五年知秀山。洁己爱民，粹然儒者。时学校尚附酉阳，勤学者少。镛下车，即创建文庙明伦堂。暇则与士子讲诣其中，文风为之渐振。士民德之，立主文昌庙侧祀之。后擢云南阿迷州知州。”

查嘉庆版《阿迷州志》卷十·秩官·六：“边镛，江西峡江人，进士。乾隆三十五年任。改建万寿亭，改旧学为灵泉书院。”

从以上记载，我们发现：边镛是一个纯粹的学者，既洁身自好，又心系民众，所到之处皆辛勤讲学，建设学校。

边镛是秀山文明教化的布道者，乃鸿儒之士，且善于创设情境，寓教于乐，寓庄于谐。为了教化民风，镛将经史传记中的典故提炼出来，改造民间字牌游戏，创设出“三六福”这一字牌游戏。

因为“三六福”名字创设、牌理规则、名堂和典故涉及诸多的经史传记及数理，非鸿学巨儒不能为也。所以，“三六福”乃“趣民习礼”“寓教于乐”之礼仪游戏、教学游戏，非赌博游戏。

三、“三六福”中的“油子”“篚”“豆”

要说“油子”得先了解“交子”。据《货币史话》：“宋仁宗天圣元年（1023年），薛田为知成都府事，主张交子官办，于是成立了益州交子务。第二年发行官办交子。这是第一次由国家正式发行纸币。其面额为1～10贯，仁宗宝元二年（1039年）改为10贯与5贯两种。”

《中国古代钱币》:“成都产楮皮纸，细白精洁，坚韧耐久”,“凡公私簿书、契券、图籍、文牒，皆取给于是。蜀中经史子集，皆以此纸传印”,“纸币当时叫作‘楮币’”，“楮皮纸制造技术起源于四川，雕版印刷术也最早兴起于四川”，“中国最早的纸币——交子，产生于四川，当然得到造纸和印刷的技术支持”。

查《康熙字典》楮：“【酉阳杂俎】叶有瓣曰楮，无曰构。又楮币，即钞也。宋绍兴初，军饷不继，造此以诱商旅。【周必大·二老堂杂志】近岁用会子，乃四川交子法，特官券耳。不知何人目为楮币，遂入殿试御题。”由此可见，交子又称楮币，用楮纸印制。

《笺纸谱》记载：“广都（成都）纸有四色，一曰假山南、二曰假荣、三曰冉村、四曰竹丝，皆以楮皮为之。”“纸质洁白者，叫作冉村。”（此段查自百度百科）

其实，不管是叫楮皮纸或是叫构皮纸，四川一直就叫白皮纸。上等的白皮纸，色白细腻，状若凝脂。次等白皮纸较薄，透光一看，有如油浸。

由此，我们可以推断，当年设置“三六福”游戏时，因地处四川，自然想到古纸币“交子”，再由印“交子”的楮纸的色泽性状而引申为“油子”，则非常合情合理。而在秀山地区同时流行的字牌游戏“钵福”，在算盘上计“油子”时更是直接叫几个钱，这更能说明“油子”就是钱，由“交子”引申而来。

现在我们再来讲“簠”和“豆”。

簠。《国语辞典》：“古代祭祀宴飨时，用来盛稻粱、黍稷的器具。”《周礼·地官·舍人》：“凡祭祀，共簠簋实之陈之。”

簠是古人盛放黍、稷、稻、粱的方形器皿，文献中又称“胡”或“瑚”。（此句来自百度词条）

豆。《尔雅》：“木豆谓之豆，竹豆谓之笾，瓦豆谓之登。”

《康熙字典》：“豆【礼器】天子之豆二十有六，诸公十有六，诸侯十有二，上大夫八，下大夫六。又【乡饮酒义】六十者三豆，七十者四豆，八十者五豆，九十者六豆，所以明养老也。”

《秀山县志》光绪版《礼志第六》记载：“社稷坛在南门外，乾隆三年，知县夏景馥立，祭用春秋二仲月上戊日。羊二，豕二，爵三，帛二，登一，铏一，笾四，豆四，簠二，簋二，朝服，九叩首。”

由此可见，“簋”与“豆”既是礼器，也是量器。特别是“豆”，更是直接衡量身份地位的象征，地位高者“豆”多，天子有二十六豆，下大夫六豆；虽是贫民，年长者亦有“豆”，六十者三豆，九十者六豆，这是尊老的礼仪，乃中华民族之传统美德。

在“三六福”游戏中设置“油子”、“簋”与“豆”是为了让民众习礼学史，更是为了教化民风。

至于“簋”这个词在后来演变为“胡”，在“三六福”游戏中相应地也叫“胡”，有其历史和形成原因。

而“三六福”中的每一个名堂，都是有出处的，若非经史传记中的典故，必定是民间公序良俗的精品。

结论：字牌“三六福”游戏名称，是依据“三才”理论而创建，表达的是天、地、人的思想，为清乾隆年间，秀山县令边镛为教化民风，引导民众学习经史礼仪而创设的兴趣游戏，属礼仪游戏、教

学游戏，非赌博游戏。其内涵博大精深，属于非物质文化遗产中的精品。成于乾隆二十五年（1760年）至乾隆三十三年（1768年），距今二百五十余年。

2020年9月30日

第一章

三六福名堂体系

三六福字牌游戏，根据《史记·律书》“数始于一，终于十，成于三”的理论设置数字壹至拾，大小各四张，共八十张牌形成一副牌。其中大小贰柒拾为红色，寓意官员二品、七品、无品。按清朝官制，地方官系，各省总督、总兵为正二品。若要成为从一品，则应上挂尚书衔。所以牌中设官制，以二品开始，有其历史原因和道理。

簠（礼器）

簠（fǔ），古代祭祀宴飨时，用来盛稻粱黍稷的器具。古文献中亦作“瑚”与“胡”。

第一节　三六福名堂体系详解

三六福名堂共分为四个系，即红黑系（文系）、大小系（武系）、油子系（商系）、巧牌系（天系）。文、武、商系说的都是人；而天系则说的是天和地，天地本一体，清则为天，浊则为地，故以天代之。俗语有“天牌盖地牌”一说。

一、红黑系（文系）

红黑系实则是文系，即文官体系。我们从红黑系的名堂来看，**乌、珠、印、匾、花、七星剑**，这不就是说的清朝七品县官坐堂时的随身物品嘛。现在我们假设这样一个场景：边知县坐在大堂上，头戴**乌**纱帽，帽上有顶**珠**，案上放官**印**，背后挂明镜高悬**匾**，身穿**花**朝服（清朝时的官服上有绣花补子，文官绣鸟，武官绣兽），腰佩**七星剑**；左站文生，未来的**十八学士**；右站武生，未来的**十三太保**；边知县勉励大家：好好读书，好好练功，将来出官入仕，报效朝廷，定会封妻荫子，得一个**满堂红**（彩）。

文系名堂：**鸟**、**珠**、**印**（分为正印、散印、烂印）、**匾**、**花**、**七星剑**、**遍地金**、**红**（含花儿红）、**太保红**（十三太保）、**观灯红**、**学士红**（十八学士）、**满堂红**、**椎**。

1. 乌：和牌时，全手牌都为黑牌，无一张红牌，称为乌或者乌福，乌4豆。

2. 珠：和牌时，全手牌只有一张红牌，称为珠，珠2豆。

3. 印： 和牌时，全手牌有四张红牌，其余为黑牌，称为印或者印福。四个红牌分散在四放牌，一放一个，称为散印，散印4豆；四个红牌在一放牌，成为龙灯或开召，称为正印，正印4豆；四个红牌分开在两放牌或者三放牌，称为烂印，烂印2豆。

散印

正印

烂印

4. 匾：和牌时，全手牌只有三张红牌，且必须在一放牌，称为匾或匾福，匾2豆。

5.花： 和牌时，全手牌只有一放牌为黑牌，其余六放牌都有红牌，且红牌的个数未达十个，称为花，花2豆。

6.七星剑：和牌时，全手牌有七个红牌，且分散在七放牌，称为七星剑，七星剑8豆。

七星剑

7.遍地金： 和牌时，全手牌七放都有红牌称为遍地金，遍地金4豆。

遍地金

8.红： ①和牌时，全手牌有红牌10~12个，称为红，也叫红福，红2豆。

红

②花儿红也称花红，和牌时，全手牌有红牌10～12个，且分散在六放牌，它属于红的特殊形态，红牌的个数未达到太保红的级别，但红牌的分布比较特殊，花儿红4豆。

花儿红

9.太保红：也称十三太保，因唐朝末年节度使李克用的十三个儿子（包括义子）均被封为太保而成为典故。和牌时，全手牌有红牌13~14个，称为太保红，太保红4豆。

太保红

10.观灯红： 因正月十五元宵节观龙灯、花灯而得名。和牌时，全手牌有红牌15~17个，称为观灯红，观灯红8豆。

观灯红

11.学士红： 也称十八学士。唐太宗在做秦王时建“文学馆”，收聘贤才，以杜如晦、房玄龄、于志宁、苏世长、姚思廉、薛收、褚亮、陆德明、孔颖达、李玄道、李守素、虞世南、蔡允恭、颜相时、许敬宗、薛元敬、盖文达、苏勖十八人并为学士。复命画家阎立本为十八学士画像， 即为《十八学士写真图》，褚亮题赞。

三六福中以此典故设置十八学士这一名堂。和牌时，全手牌有红牌18个以上，又不是全红，称十八学士或学士红，学士红16豆。

学士红

12.满堂红：也叫满堂彩。满堂红，汉语词汇，出自《清平山堂话本·快嘴李翠莲记》等书，比喻各方面都取得好成绩或到处都很兴旺。

三六福中设置这一名堂，乃期盼天下兴旺，行业发达。三六福字牌有红牌二十四张，和牌需二十一张牌，理论上可以打成满堂红，事实上达不到，要想达到，必须拆龙拆坎，而拆龙拆坎必犯牌规。所以，此为期盼吉祥兴旺的名堂，实则给人以念想。和牌时，全手牌无一张黑牌，全为红牌，称为满堂红，满堂红16豆。

（秀山溶溪方向把满堂红作为巧牌，不论庄闲，只要摸起牌，全手无黑牌，则可作为满堂红，并且不管是否圆放，可得16豆。笔者认为其不能作为巧牌系，满堂红是文官体系的最高境界，所谓最高境界就是理想境界，理想境界只是一种追求，能否实现是另一回事。

再说，“三六福”的取名基于“三才”理论，整个牌理基于中国传统文化，按照“天、地、人”三才理论，人应“师法天地而修己身”，月有阴晴圆缺，天有不测风云，人有旦夕祸福，此事古难全；在“三六福”的三十六个名堂中，设置一个名堂作为“缺”，并且此名堂是人们追求的最高境界，非常合乎牌理，也合乎“满招损，谦受益”的传统思想。再说现实生活中的“满堂红”，同样是难以实现的。）

13. 榷： **①《说文解字》：“水上横木，所以渡者也。”②“商榷”。唐·刘知幾《史通·卷三·书志》：“榷而为论，未见其宜。”**

“榷”这个名堂实则不能属于一个系，因不好归类，就把它归到红黑系，大家可以商榷。因为这个名堂跨了两个系，即红黑系和油子系，用秀山话来说，这个牌有点榷，有点扯。其实商榷，不就是不同观点扯过去扯过来的吗？！

因跨两系，故以横木渡之，为“榷”。

和牌时，红牌的个数与油子的个数一样多，且油子十胡以上，称为榷，榷2豆。

榷

簋（礼器）

簋（guǐ），方曰簠，圆曰簋，盛黍稷稻粱的器具。

二、大小系（武系）

大小系实则是武系，即武官体系，讲的是人多力量大，没有文官名堂多。其中十八大、十八细讲的是十八般兵器，力量型武士用十八大，灵巧型的则用十八细。

武系名堂：**十八大、十八细、太子回朝、老王登殿、诸王争霸、太子比武**。

1.十八大：和牌时，有大牌18张以上，且小牌不低于2张，称为十八大，十八大4豆。

十八大

2.十八细： 和牌时，有小牌18张以上，且大牌不低于2张，称为十八细，十八细8豆。

3.太子回朝： 和牌时，全手牌只有1张小牌，称为太子回朝，太子回朝16豆。太子回朝表现的是胆量。

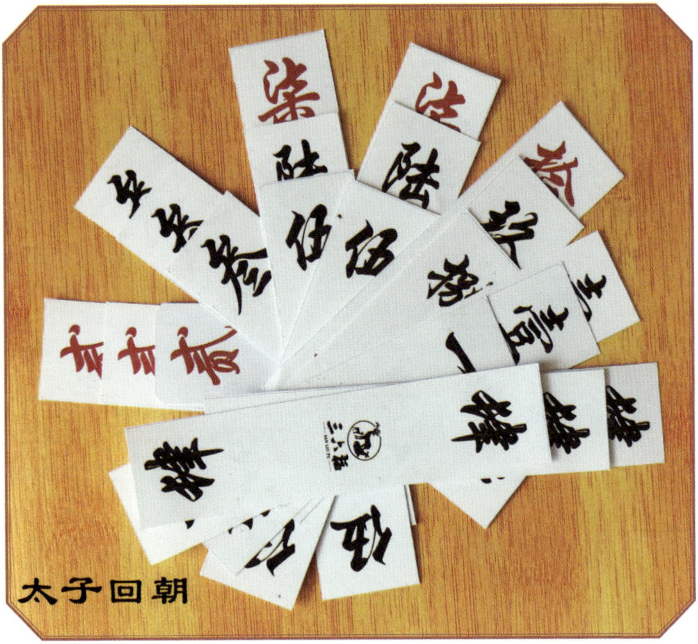

太子回朝

4.老王登殿： 和牌时，全手牌只有1张大牌，称为老王登殿，老王登殿16豆。老王登殿展现的是威望。

老王登殿

5.诸王争霸： 和牌时，全手牌无小牌，全是大牌，称为诸王争霸，诸王争霸16豆。诸王争霸展现的是王霸之气。

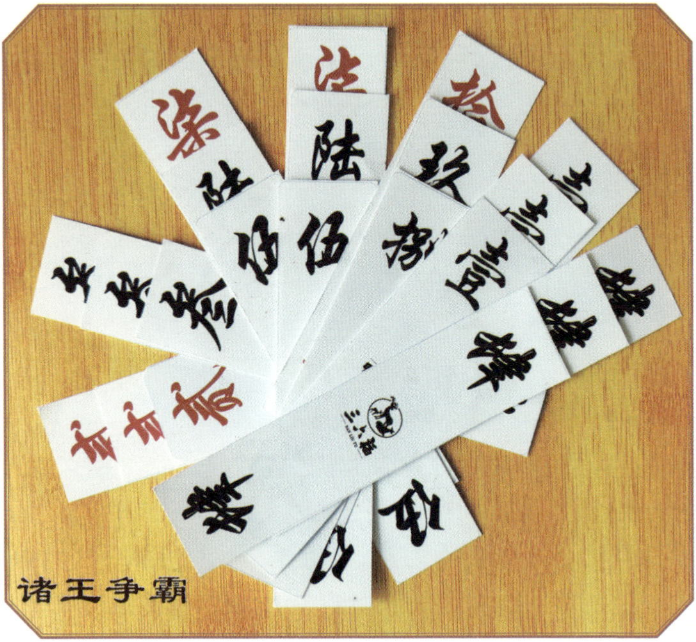

诸王争霸

6.太子比武：和牌时，全手牌无大牌，全是小牌，称为太子比武，太子比武16豆。太子比武表现的是力量和希望。

太子比武

三、油子系（商系）

油子系实则讲的是商业体系，以钱多钱少设置名堂，数“油子”就是看钱多。

商系名堂：**斋**、**恰**（分为小恰、中恰、大恰）、**台**、**甲**、**捆**、**老成福**、**素**、**荤**、**七柱**、**飘**（含青飘）。

1.斋：和牌时，一胡油子都没有，称为斋，也叫斋福，斋4豆。

斋

2. 恰：①小恰，和牌时，刚好10胡油子，称为小恰，也称恰，小恰2豆。

小恰

②中恰，和牌时，刚好20胡油子，称为中恰，中恰4豆。（上场议规，16豆为止，则无中恰；不做限制，一直翻或者32豆为止，则有中恰）

中恰

③大恰，和牌时，刚好30胡油子，称为大恰，大恰8豆。

大恰

3. 台： 和牌时，油子为21～26胡，称为台，也叫台福，台2豆。

台

4.甲： 和牌时，油子为27～29胡、31～32胡，称为甲，也叫甲福，甲4豆。

甲

5.捆： 和牌时，油子为33~38胡，称为捆，捆8豆。

捆

6.老成福： 和牌时，油子为39胡及以上，称为老成福，老成福16豆。

老成福

7. 素： 和牌时，只有一放有油子，且达到10胡的最低标准，称为素，也叫素福，素4豆。

素

8. 辇： 和牌时，七放牌中六放牌有油子，至少有一放开召或者龙灯，没有油子的一放牌为一对（这一对也叫雀），称为辇，辇4豆。

辇

9.七柱： 和牌时，七放牌都有油子，称为七柱，七柱8豆。

七柱

10.飘：①飘，和牌时，全手牌无坎、无龙灯、无开召，称为飘，也叫飘福，飘2豆。

飘

②青飘，为飘的特殊形态，即在飘的基础上再加上无壹贰叁（一二三）组合，无贰柒拾(二七十)组合，青飘4豆。

青飘

四、巧牌系（天系）

巧牌系属于遇格，它既不属于论红多红少的文官体系，也不属于讲人多、武力多的武官体系，更不属于以钱多、钱少决胜负的商系；此系设置亦寓天地，它跨越文、武、商任一体系，且大于任何体系，即天地大于人。此系承认天地间凡事皆有例外，遇格即可上品，上品就算名堂。也可能当时边知县以此系寓天地，即天地意志不可违；天地要成全，非人力所能改变。

天系名堂：**天福、地福、全家福、双飘带、富贵图、三龙五坎四开召、起手龙。**

1.天福： 庄家抓完牌后，全手牌无油子或者油子达到10胡的要求，且七放牌都已圆放，则可和牌，称为天福，并且算自摸，天福8豆。

2.地福： 闲家抓完牌后，全手牌无油子或者油子达到10胡的要求，并且牌已圆放，则可和牌，必须和庄家打下来的第一张牌，称为地福，地福4豆。

3.全家福：全家福分为三种情况：①抓完牌，不论庄家闲家，手头有壹至拾任一个牌的大小八张，为双龙，即两铺龙灯，不管其他牌圆不圆放，只需将两铺龙灯摆出来，就算16豆。

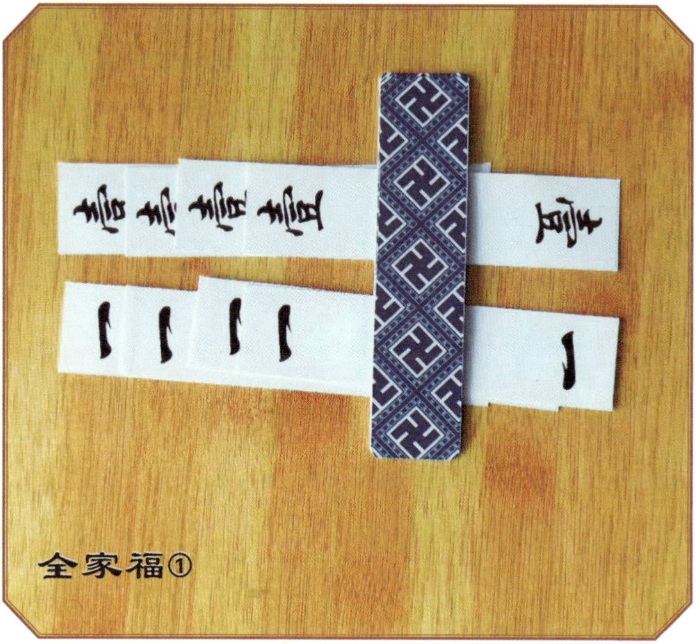

全家福①

②抓完牌，不论庄家闲家，手头有壹至拾任一个牌的大小七张，即一铺龙灯一坎，在打牌的过程中另一坎又开召了，形成一龙一召，明暗双龙，必须全部牌圆放，并且和牌后才能算全家福，全家福16豆。

全家福②

③抓完牌，不论庄家闲家，手头有壹至拾任一个牌的大小六张，成为两坎，在打牌的过程中两坎都开召了，形成两召，两条明龙，必须全部牌圆放，并且和牌后才能算全家福，全家福16豆。

全家福③

4.双飘带：①抓完牌，不论庄家闲家，手头有双套大壹贰叁和双套小一二三，即为双飘带，可以拆龙拆坎编双飘带，不算违犯牌规，其他人不准查牌，只要将双飘带摆出来，就算16豆。

双飘带①

②抓完牌，编不起双飘带，在打牌的过程中，通过吃牌比牌编起的双飘带，必须和牌才算数，并且不准拆龙拆坎，拆龙拆坎吃16豆包子，双飘带16豆。

双飘带②

5.富贵图：①抓完牌，不论庄家闲家，手头有双套大贰柒拾和双套小二七十，即为富贵图，可以拆龙拆坎编富贵图，不算违犯牌规，其他人不准查牌，只要将富贵图摆出来，就算16豆。

富贵图①

②抓完牌，编不起富贵图，在打牌的过程中，通过吃牌比牌编起的富贵图，必须和牌才算数，并且不准拆龙拆坎，拆龙拆坎吃16豆包子，富贵图16豆。

富贵图②

6.三龙五坎四开召：

①三龙：抓完牌，不论庄家闲家，手上有三条龙灯，不管其他牌是否圆放，可以直接将三条龙摆出来，即为16豆。开始打牌后，开召的明龙不能加进来算。

②五坎：抓完牌，不论庄家闲家，手上无三条龙灯，但龙灯与坎加起来有五放，或者无龙灯，有五坎，不管其他牌是否圆放，可以直接将五坎摆出来，即为16豆。

三龙五坎只能在还没打牌时算。打牌之后再和牌，则无三龙五坎之说。

③四开召不和牌：在打牌的过程中，若一个人的牌，龙灯和开召加起来共有明暗四条龙，即为四开召，在开第四召时可以立即叫停，不管其他牌是否圆放，即为16豆。

④四开召和牌：在打牌的过程中，若一个人的牌，龙灯和开召加起来共有明暗四条龙，即为四开召，但在开第四召时若没有立即叫停，则必须和牌才能算数，和牌后四开召仍然算一个名堂，四开召16豆。

7.起手龙： 不论庄家闲家，在抓到第四张牌时，若成为龙灯，应立即叫停，则为起手龙，起手龙16豆。若第五张牌上手，则起手龙报废，即使后来和牌了，也不算数。

第二节　三六福名堂体系一览

三六福的名堂，古法只有36个，暗合六六三十六天罡之数。

红黑系（文系）名堂13个：**乌、珠、印、匾、花、七星剑、遍地金、红、太保红、观灯红、学士红、满堂红、榷**。（正印、散印、烂印都是印，只是一个名堂的不同形式；花儿红属于红的特殊形态）

大小系（武系）名堂6个：**十八大、十八细、太子回朝、老王登殿、诸王争霸、太子比武**。

油子系（商系）名堂10个：**斋、恰、台、甲、捆、老成福、素、荤、七柱、飘**。（小恰、中恰、大恰都是恰，算一个名堂；青飘为飘的特殊形态，都属于飘，也算一个名堂）

巧牌系（天系）名堂7个：**天福、地福、全家福、双飘带、富贵图、三龙五坎四开召、起手龙**。

为了方便初学者，我们在表中仍然罗列了42个名堂，以便大家学习研究。

三六福名堂体系一览表

<table>
<tr><th>系列</th><th>序号</th><th colspan="2">名堂</th><th>豆数</th></tr>
<tr><td rowspan="16">红黑系（文系）</td><td>1</td><td colspan="2">乌</td><td>4</td></tr>
<tr><td>2</td><td colspan="2">珠</td><td>2</td></tr>
<tr><td rowspan="3">3</td><td rowspan="3">印</td><td>正印</td><td>4</td></tr>
<tr><td>散印</td><td>4</td></tr>
<tr><td>烂印</td><td>2</td></tr>
<tr><td>4</td><td colspan="2">匾</td><td>2</td></tr>
<tr><td>5</td><td colspan="2">花</td><td>2</td></tr>
<tr><td>6</td><td colspan="2">七星剑</td><td>8</td></tr>
<tr><td>7</td><td colspan="2">遍地金</td><td>4</td></tr>
<tr><td rowspan="2">8</td><td rowspan="2">红</td><td>红</td><td>2</td></tr>
<tr><td>花儿红</td><td>4</td></tr>
<tr><td>9</td><td colspan="2">太保红</td><td>4</td></tr>
<tr><td>10</td><td colspan="2">观灯红</td><td>8</td></tr>
<tr><td>11</td><td colspan="2">学士红</td><td>16</td></tr>
<tr><td>12</td><td colspan="2">满堂红</td><td>16</td></tr>
<tr><td>13</td><td colspan="2">榷</td><td>2</td></tr>
<tr><td rowspan="6">大小系（武系）</td><td>14</td><td colspan="2">十八大</td><td>4</td></tr>
<tr><td>15</td><td colspan="2">十八细</td><td>8</td></tr>
<tr><td>16</td><td colspan="2">太子回朝</td><td>16</td></tr>
<tr><td>17</td><td colspan="2">老王登殿</td><td>16</td></tr>
<tr><td>18</td><td colspan="2">诸王争霸</td><td>16</td></tr>
<tr><td>19</td><td colspan="2">太子比武</td><td>16</td></tr>
</table>

续表

系列	序号	名堂		豆数
油子系（商系）	20	斋		4
	21	恰	小恰	2
			中恰	4
			大恰	8
	22	台		2
	23	甲		4
	24	捆		8
	25	老成福		16
	26	素		4
	27	荤		4
	28	七柱		8
	29	飘	飘	2
			青飘	4
巧牌系（天系）	30	天福		8
	31	地福		4
	32	全家福		16
	33	双飘带		16
	34	富贵图		16
	35	三龙五坎四开召		16
	36	起手龙		16

第三节　三六福组合名堂

所谓组合名堂，即是42个名堂中除去起手龙后的41个名堂，都有与其他名堂互相组合的可能。下面仅以常见的双名堂、三名堂、四名堂，并且在剔除系内组合的情况下，用排列组合中的组合方法进行计算：

红黑系名堂16个，大小系名堂6个，油子系名堂13个，巧牌系名堂6个。在系内不组合的情况下，计算双名堂、三名堂、四名堂各有多少个。

1.每两个名堂为一种组合，系内不组合，共多少种组合？

$$C_{16}^{1}\times C_{6}^{1}+C_{16}^{1}\times C_{13}^{1}+C_{16}^{1}\times C_{6}^{1}+C_{6}^{1}\times C_{13}^{1}+C_{6}^{1}\times C_{6}^{1}+C_{13}^{1}\times C_{6}^{1}$$

$=96+208+96+78+36+78$

$=592$

2.每三个名堂为一个组合，系内不组合，共多少种组合？

$C_{16}^{1}\times C_{6}^{1}\times C_{13}^{1}+C_{16}^{1}\times C_{6}^{1}\times C_{6}^{1}+C_{6}^{1}\times C_{13}^{1}\times C_{6}^{1}+C_{13}^{1}\times C_{6}^{1}\times C_{16}^{1}$

$=1248+576+468+1248$

$=3540$

3.每四个名堂为一个组合，系内不组合，共多少种组合？

$C_{16}^{1}\times C_{6}^{1}\times C_{13}^{1}\times C_{6}^{1}=7488$

共计：592+3540+7488=11620

通过以上计算，我们得出11620种组合，并且还有部分名堂可以系内组合，则会有更多的组合，且会组合出五名堂、六名堂，当然五名堂和六名堂只是少数，因为有的组合会互相冲突。笔者根据经验，先对系内进行组合，然后进行计算，则可得24642种组合，若再加上42种基础名堂，则每一铺牌拿到手上，都会有24684种变化；当然，最后只有一种和牌。“三六福”的迷人之处在于一张牌的变化，有时会牵动全局，结果截然不同，所以“三六福”有“字牌中的桥牌”之称。

24684种变化只是笔者的计算，欢迎数学专业的朋友来学习三六福，并最后计算出三六福的组合数。

笔者同时认为，试图将所有组合名堂罗列出来，让后学者可以依样画葫芦，毫无意义。因为三六福的奇妙之处就在于学习探索，在学习探索之中开发智慧，而把所有名堂罗列出来，让学习者死记硬背，实在是个笨办法。

下面介绍一种目前出现的终极组合名堂，欢迎有志者进行挑战。

三六福最多可以和多少豆?

以上面这铺牌为例：

①大小拾八张到位，为全家福16豆；

②有一龙三开召，为四开召16豆；

③以拾为将，全手牌共计油子54胡，为老成福16豆；

④有红牌18张，为学士红16豆；

⑤有小牌18张，为十八细8豆；

⑥六放牌有油，有一对雀，为荤4豆；

⑦六放牌有红，一放牌无红，为花2豆。

累计豆数：

16×16×16×16×8×4×2＝4194304（豆）

注：“和、胡、福、豆”在《三六福》中的词性，“和”做动词，如，和牌；“胡”做量词，计算油子的多少，如，大碰3胡，小碰1胡；“福”做名词，如，三六福、全家福、老成福；“豆”做量词，计算各名堂的豆数及整铺牌和牌后的总豆数，如，老成福16豆，累计豆数4194304豆。

笾（礼器）

笾（biān），竹豆也。竹编食器，盛果实、干肉。

第二章

三六福组牌规则与油子计算

三六福组牌和油子计算与钵福、黄十八大同小异，只是多了涨红涨将，而钵福、黄十八只涨将，不涨红。三六福的组牌规则，基本组牌方法为三张牌一组，龙灯和开召为四张牌一组，下面分别讲解。

豆（礼器）

豆(dòu)，古食肉器也。古容量单位，四升为一豆。

1.联子：相邻的三张牌组合在一起，如壹贰叁（一二三）、贰叁肆（二三四）、叁肆伍（三四五）、肆伍陆（四五六）、伍陆柒（五六七）、陆柒捌（六七八）、柒捌玖（七八九）、捌玖拾（八九十）。特例为不相邻的贰柒拾（二七十）也可组合成联子，因贰柒拾是官，活动范围自然要宽一些。壹贰叁（一二三）和贰柒拾（二七十）有油子，大的六胡，小的三胡。

2.大小组合：①两大一小，如壹壹一、贰贰二、叁叁三等。②两小一大，如一一壹、二二贰、三三叁等。大小组合无油子。

3.碰：手中有一对牌，别人打或堂子头起相同的牌，必须碰牌，碰牌放在自己门前摆好。碰牌有油子。碰牌涨红涨将。

大碰三胡，遇红涨为六胡，又是红又是将涨为十二胡，黑将六胡。

小碰一胡，遇红涨为三胡，又是红又是将涨为六胡，黑将三胡。

4.坎：摸牌时三个相同的牌形成一组，

叫作坎。打三六福，坎不必放下去，拿到手上，只有开召才放下去。打钵福和黄十八则要放下去，并要扑着，且不叫坎，叫暗哨，或者哨。大坎六胡，大将坎十二胡，小坎三胡，小将坎六胡。坎只涨将不涨红。

5.开召：手上有坎，别人打出来或者堂子头起相同的牌，则必须开召；开召后，四张牌面朝上放在自家门前；大开召九胡，小开召六胡，大将开召十八胡，小将开召十二胡。开召只涨将不涨红。

打三六福，碰的牌不能开召、不能鸡。只有钵福和黄十八碰的牌才能鸡，近似于开召。

6.龙灯：摸牌时，摸起四张一样的牌叫龙灯。打三六福，龙灯不必急着放下去，要进一张（碰牌、吃牌、开召都叫进张）牌才亮龙。进张后将龙灯一张翻三张扑放在自己门前，翻的牌放在下面，扑的三张放在上面盖住牌尾，让翻的牌只现一个字，叫“亮龙头”，寓意神龙见首不见尾。

如果进张是开召，又有龙灯要亮，则称为重召，重召不打牌；只说“八块”，意思是两召八块牌了，下家自行摸牌。如果吃一张牌，亮两铺龙灯，也说“八块”，下家自行摸牌。开两召三召都说“八块”，下家自行摸牌。

开四召则可直接叫停，可按巧牌规则计算16豆；也可说“八块”，不叫停，冲击更大的牌型，和更多的豆数，叫作“贪大”。

大龙灯十二胡，小龙灯九胡；大将龙灯二十四胡，小将龙灯十八胡。龙灯只涨将不涨红。

登（礼器）

登(dēng)，食器，以盛太羹。

第三章

三六福字牌游戏的玩法

三六福字牌游戏既然是“趣民习礼”的产物，它在玩的时候是非常讲礼的，讲究礼节是该游戏的主要特色，它从游戏角色安排、座次安排到环境选择，都完全遵从传统礼节，实则是一种高雅的游戏。不能跟玩麻雀福一样，众人围成一团，叽叽喳喳，大呼小叫。下面我们分别讲述。

铏（礼器）

铏（xíng），食器，以盛和羹。

一、三六福的礼仪

1.环境选择。从前，聚会或者大事小务，客人比较多，管事者首先要在左邻右舍中，安排清静优雅的地方，定为打三六福的场所，并安排专人伺候茶水果品。如果更讲究一点，则可命人焚檀香。左邻右舍则以有来宾在家中打三六福为荣耀，因为家中能接待打三六福，首先说明这家人清洁卫生搞得好，环境雅致；其次，来打三六福的都是有文化、有身份的人，可以增加人脉，混个脸熟，主家则非常乐意为有文化、有身份的来宾服务，这可以成为事后吹龙门阵的资本，也是家庭兴旺的象征。

2.角色安排。三六福习玩需四人为一队，一般安排两尊两陪，即两位地位尊贵的来宾，两位东家族人陪玩，陪玩人选以与来宾地位相近、职业相关，并且地位略低于客人为宜。这相当于今天的外事活动，要对等接待。若陪客地位高于来宾，则来宾会很拘谨，应错开安排。

3.座次安排。一张桌子分四方，上方主宾位，应请来宾中年长或地位高、辈分高者入座，一般应先请其入座；下方为次宾位，为来宾中地位稍次者入座；左右为陪客位，则由东家请来的陪客入座。

4.开庄。全部入座后，则请上首尊者开首庄。

坐上首者一般应谦虚，则四家各抽一张牌，“三红夹一黑，黑色开庄”“三黑夹一红，红色开庄”“三大夹一小，小的开庄”“三小夹一大，大的开庄”，除此之外，谁点子大，谁开庄。这种开庄叫“长幼有序”。

也可由上首抽一张牌，依点子定谁来开庄，以上首所在位置为一，上首右为二，下方为三，上首左为四，依次序到谁，谁来开庄。这种开庄有个说法，称为“一叫成气”。

若四个皆为平辈之人，不论尊卑，不分宾主，也可取出壹贰叁肆四张牌，确定一个位置为壹，然后四家人各抽一张牌，抽到哪个位置坐哪个位置，抽到壹的开首庄。这种也有一个说法，称为“定庄定位”。

5.数巽。庄家定好，与庄家对坐的则数巽，由闲家抬牌给巽家数牌，以前底牌数十九张，现在的牌有“换底”则数二十张底牌。巽家的收入有“跟底跟巽”和“半巽”两种，“跟底跟巽”为和牌的和多少豆，巽家得多少豆；“半巽”则按和牌豆数减半，四舍五入。

二、三六福的牌规

1.哼碰必碰，有对必碰，有坎必召，进张亮龙。忍碰、未开召、未亮龙，吃4豆包子。

2.拆龙拆坎吃16豆包子。因为拆龙拆坎属于恶意犯规，牌品极差，带有欺诈性质，所以罚得比较重。

3.盲九胡，吃16豆包子。因为油子不够，强行和牌，属于欺诈，所以重罚。

4.吃错比错，吃4豆包子。

5.数底包4豆。

6.吃臭牌，吃4豆包子。

7.上未动，下不动。上家将牌放在自己的牌上，既没呼下家和牌，也没打出来，下家不可急着抢牌和。若下家去抢牌，上家则有可能下定决心和小牌，破下家的局。

8.出牌无悔，落地生根。已经打下去的牌不可以收回来，已经放到桌面上的牌不可以收回手上，已经呼了下家和的牌不能再和。

9.先报名堂，再算豆数，报错不得钱。牌和了之后，先说这铺牌有哪些名堂，再算有多少豆；报错名堂不得钱，但不吃包子。比如烂印是2豆，若把烂印报成匾福，虽然都是2豆，但报错名堂了，则收不到钱，但数巽的巽钱则按2豆收，因为巽家无过错；若巽家也跟着报匾福，则巽家连坐，都不得钱。若自己是打三六福的新手，则牌和了之后，说一声“众报”，意思是大家帮忙一起算一下。说了“众报”，说明你比较谦虚，即使报错了名堂，算错了豆数，都可以再算；但收了钱，已经开始摸下轮牌了，则不再算，这叫“既往不咎”。

10.报少得少，报多不得。若名堂没有报错，只是豆数报错，则报少得少，报多不得钱，因为报多属于虚报，报少属于放弃自己的利益。巽家则可以重新核算，若豆数属于巽家和和牌之人一起算的，巽家连坐，也不得钱。所以，一般情况下，巽家不多言，巽家可以倒茶倒水，准备果品，这才是巽家该做的事。

11.冷牌，翻牌，庄家吃包子。

如果牌洗好了，已抬牌开始数底了，才发现堂子头还有牌没有收拢，叫冷牌，庄家吃4豆包子，并下庄。

如果在摸牌的过程中，发现夹有翻牌三张以上，庄家吃4豆包子，并下庄。

庄家吃包子，既要赔钱，还要下庄，叫作“苦中苦”。

三、三六福字牌游戏的玩法

三六福字牌游戏全流程，主要有开庄、摸牌、打牌、吃牌、比牌、和牌、报名堂和豆数等七个环节。实际上开庄只是第一轮有讲究，之后就是按顺序轮流，它只是一个辅助环节，但也有很多礼节。三六福真正需要高度集中注意力的是“摸、打、吃、比、和、报”六个环节。

1.开庄。前面我们介绍了，开庄有“长幼有序”“一叫成气”“定庄定位”三种方式确定由谁开首庄，之后则按顺序轮流。

庄家将牌收到一起一般洗三次，叫作“牌洗

三手，家家都有”；不洗牌，叫作“害懒（不负责）”；如果庄家连续不洗牌，并且连续坐庄，则有“重盒子”（出千）的嫌疑，闲家有权代位履职，替他洗牌，这叫“洗冷水澡”，让庄家清醒清醒头脑，意思是说“你不负责，我来”。

庄家洗好牌后，随意抬出一张牌，亮给闲家看，按单双来决定由谁抬牌，若牌为单数，则由上手（左位）抬牌。如，壹（一）、叁（三）、伍（五）等，若牌为双数，则由下手（右位）抬牌；如，贰（二）、肆（四）、陆（六）等。

抬牌的人则要遵守“上七下八”的规矩，即上面抬开的牌不少于七张，下面留下的牌不少于八张。

2.摸牌。抬好牌后，由巽家数底，其余三家则开始摸牌。由庄家开始依次摸牌，也由庄家最后收底。若未收到底，则需查牌，看问题出在哪儿，有可能是数错牌，也有可能是摸夹牌，也可能是摸跳牌（越位）了，原则上“多包少不和”，如果牌多了吃包子，如果牌没抓够，只有陪打，看别人和牌。

3.打牌。牌摸好之后，庄家打第一张牌。若庄家同时亮了两条龙（庄家可以先亮龙再打牌，闲家则先进张再亮龙），理论上“重召不打牌”，但庄家不打第一张牌，则无法开庄，这时庄家可以打出一张牌，进第一张牌时，不打牌，叫“八块”或者“重召”，提醒下家摸牌即可。

打牌须遵守“出牌无悔，落地生根”的规矩。

4.吃牌。吃牌应遵守的规矩有：

①哼碰必碰，有对必碰，有坎必召，进张亮龙；

②不吃臭牌；

③必须比牌；

④落地生根。

5. 比牌。如果想吃的牌，手上有相同的牌，必须考虑能不能组合成两放，能不能比得下去，若比不起，则不要吃牌。若比不起却强行吃牌，将相同的张子放在手上，等下一轮再组合成放子，这种行为叫“屯牌”，实际就是不比牌，被查出要吃四豆包子。

6.和牌。如果七放牌中的六放牌都已按组牌规则组合完毕，并且第七放只差一张就完成组合，则称为“叫牌”。这时，首先检查牌是否符合油子的规定，无油子或者十胡以上；然后对照《三六福名堂体系一览表》，至少有一种名堂，就可和牌。无名堂，则称为“假叫”，不能和牌。

7.报名堂和豆数。和牌之后，先将牌在自家门前放好，最后和牌那一放要放开一点，让大家检查。说一声“众报”，然后先把名堂报完，再算豆数。三六福的总豆数是多个名堂的豆数相乘，只有自摸叫“临时增加两豆”，是相加。三六福计豆为二进制，以2倍之，所以总豆数均能被2整除，无单数。

第四章

麻雀福、黄六福、十八福、钵福与三六福对比

在秀山地区的字牌体系中，字牌的各种玩法是分层次的，初学者，先学麻雀福，再学黄六福，然后学十八福（黄十八），最后学钵福、三六福。麻雀福、黄六福相当于小学，十八福相当于中学，钵福相当于大学，三六福相当于研究生。下面我们分别介绍，以供大家研究对比。

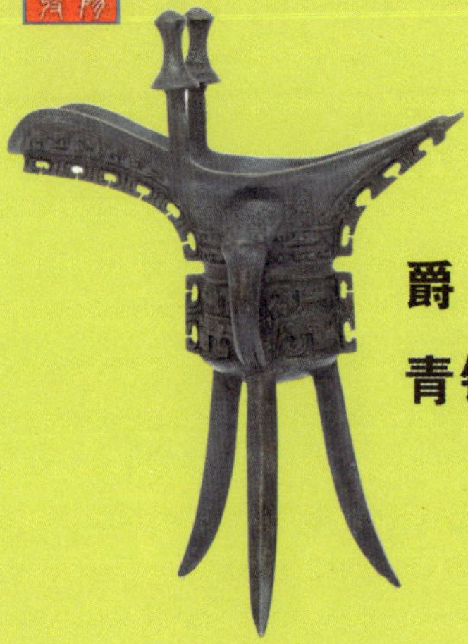

爵（礼器）

爵（jué），古饮酒器，青铜制。

一、麻雀福

玩法简单，因为麻雀福实际就是训练组牌，不计油子，不设置将和红，总共只有14张牌，四组放子，一对麻雀。

麻雀福由四家人习玩，无数巽。若五家人玩，则由一人摸两张牌，称为“老爷”，庄家摸十四张牌，闲家摸十三张。

组牌规则为：①相邻三张牌组成联子；②大小贰柒拾组成放子；③相同的三张“碰”或者“坎”作为一放牌；④要有一对牌作为麻雀；⑤麻雀福无龙灯和开召，如有四张的龙灯则必须拆开，或者打出去一张。

组牌完成即可和牌，若和牌时无麻雀(一对)，必须用一张牌去找另一张相同的牌组合，而最终和牌，叫作“啄（秀山音zhuǎ）雀”。

和牌后，有多少个贰算多少豆，再加上和牌的1豆则得总豆数。

二、黄六福

黄六福与麻雀福玩法相近，只是要求六胡油才能和牌。

三、十八福

十八福在秀山被称作“黄十八”或者“十八福”，在秀山以外的很多地方则只叫“十八福”，其组牌规则、油子计算已经与钵福、三六福相近，只是没有名堂，和牌后以贰的多少计算豆数。

（一）十八福的组牌规则与油子计算

1.联子。相邻的三张牌组合在一起，如壹贰叁（一二三）、贰叁肆（二三四）、叁肆伍（三四五）、肆伍陆（四五六）、伍陆柒（五六七）、陆柒捌（六七八）、柒捌玖（七八九）、捌玖拾（八九十）。贰柒拾（二七十）也可组合成联子。壹贰叁（一二三）和贰柒拾（二七十）有油子，大的六胡，小的三胡。

2.大小组合。①两大一小，如壹壹一、贰贰二、叁叁三等。②两小一大，如一一壹、二二贰、三三叁等。大小组合无油子。

3.碰。手中有一对牌，别人打或堂子头起相同的牌，必须碰牌，碰牌放在自己门前摆好，碰牌有油子。大碰三胡，大将碰六胡；小碰一胡，小将碰三胡。

4.哨。哨牌在三六福中叫“坎”，在黄十八和钵福中叫“哨”。因为三六福是拿在手上，所以叫“坎”，而黄十八和钵福是要扑下去，放到桌子上，因为没有亮牌，所以称为“暗哨”或“哨”。

摸牌时摸到三个相同的牌组成一放牌，叫“哨”。大哨六胡，小哨三胡；大将哨十二胡，小将哨六胡。哨必须放到桌子上扑起。

5.开召。自己扑得有暗哨，别人打出来或者堂子头起相同的牌，则必须开召。开召后，四张牌面朝上放在自家门前。大开召九胡，小开召六胡；大将开召十八胡，小将开召十二胡。

6.鸡。自己碰得有牌，堂子头起相同的牌，则必须鸡牌，鸡又称为“面鸡”。鸡的油子算法与召相同。别人打出来的牌不能鸡，只能开召和碰。

7.龙灯。摸牌时，摸起四张一样的牌叫龙灯。龙灯必须放下去扑起，庄家先亮龙再打第一张牌，闲家等庄家打第一张牌后再亮龙。

不管是开召还是龙灯，如果有明龙暗龙两放，则称为重召。重召不打牌，只说“八块”，意思是两召八块牌了，下家自行摸牌。开两召、三召都说“八块”，下家自行摸牌。大龙灯十二胡，小龙灯九胡；大将龙灯二十四胡，小将龙灯十八胡。

（二）和牌与豆数计算

十八福只要油子达到十八胡，牌理顺，放子圆，即可和牌；然后和牌算1豆，不论大贰小二，一个贰算1豆，有自摸再加1豆，最多可达10豆。

四、钵福

钵福的组牌规则和油子计算与黄十八相同，只是钵福不计算豆数，按名堂的翻数计算油子的总数，将油子打上算盘，每个人只能和两回，并且第二回和牌时，算盘上的累加数，必须达到100胡油以上，否则不能和牌。满一百胡，叫“得一钵”，以油子差距计算输赢，然后归零，再打下一回。

钵福的名堂只有13个，远远少于三六福，并且名堂不算豆数，是计翻数。然后，有几翻就把和牌的油子数乘以几得出总数，把总数加上算盘。

钵福的名堂：天福3翻，地福2翻，清福3翻。(三六福中的七柱和荤在钵福中合二为一，叫清福)，乌福3翻，一颗珠2翻，红福2翻，太保红3翻，飘福2翻，十八飘3翻，十八细3翻，十八大2翻，台福（24~27胡油子）2翻，甲福（28胡以上）3翻。

两个以上名堂3翻，无名堂只有1翻，不论有多少名堂，最高3翻。

钵福的最大特点是训练打算盘和报数，哨、碰、召、鸡、龙都必须报油子，不报油子不上算盘，报错子吃包子，并且钵福报油子是直接报几个钱。如，小牌碰直接报“1个钱”，巽家则在算盘上加1；大牌碰直接报“3个钱”， 巽家则在算盘上加3。

钵福习玩的紧张程度不亚于三六福，因为随时都有可能吃包子，报错一次油子，吃包子，算盘上的累计数全部归零；并且上20个钱的负数，叫“戴帽子”。

参考文献

1.（商）姬昌.《周易全书》［M］.南京:江苏凤凰美术出版社,2015.

2.（商）姬昌.《易经》［M］.北京:团结出版社,2014.

3.（战国）韩非子.《韩非子》［M］.北京:光明日报出版社,2014.

4.李志敏.《史记》［M］.北京:民主与建设出版社,2015.

5.（春秋）左丘明,(先秦)吕不韦,(西汉)刘向.《左传·吕氏春秋·战国策》［M］.北京:北京出版社,2006.

6.（春秋）李耳.《道德经》［M］.北京:金盾出版社,2009.

7.（清）李稽勋等编著.秀山自治县档案局整理.《秀山县志》(光绪版)［M］.北京:方志出版社,2010.

8.秀山土家族苗族自治县县志编纂委员会编.《秀山县志》［M］.北京:中华书局,2001.

9. 秀山土家族苗族自治县县志编纂委员会编.《秀山县志》(1986-2005) [M].北京:方志出版社,2011.

10. 刘精诚,李祖德.《货币史话》[M].北京:中国大百科全书出版社,2000.

11. 张大伟，曹江红.《造纸史话》[M].北京:中国大百科全书出版社,2000.

12.（清）张玉书,陈廷敬等.《康熙字典》[M].成都:成都古籍书店,1980.

13. 王俊.《中国古代钱币》[M].北京:中国商业出版社,2015.

14.（清）冯世瀛,冉崇文等纂修;酉阳自治县档案局整理.《酉阳直隶州总志》[M].成都:巴蜀书社2009.

15.（清）张大鼎,张爋，赵焞等纂修.《阿迷州志》(嘉庆版) [M]. 阿迷州(今云南省开元市),嘉庆元年丙辰岁(1796年).

16. 杨艺华,杨秀光.《秀山三六福》[M].重庆秀山:秀山土家族苗族自治县文体局,2005.